Spannender Lesespaß:

Märchen

Kurze Märchentexte
und Arbeitsaufgaben

von
Karin Pfeiffer und Peter Stolz

LENDERSDORFER TRAUMFABRIK

Stolz Verlag
Edition Lendersdorfer Traumfabrik

www.stolzverlag.de

Anmerkungen

Wir danken dem BELTZ Verlag für die Genehmigung zum Nachdruck der folgenden Abbildungen: Seite 27 und 30 aus dem Märchen „Die drei Wünsche" ISBN3-407-79169-0

I n h a l t

Sterntaler

Es war einmal ein kleines Mädchen, dem waren Vater und Mutter gestorben. Es hatte niemanden mehr und war nun so arm, dass es

> kein Kämmerchen mehr hatte, darin zu wohnen,
> kein Bettchen mehr hatte, darin zu schlafen
> und gar nichts mehr als die Kleider auf dem Leib
> und ein Stückchen Brot in der Hand.

Das Mädchen war gut und fromm. Es vertraute auf den lieben Gott und ging hinaus auf das Feld. Da begegnete ihm ein armer Mann, der sprach:
„Ach, gib mir etwas zu essen, ich bin so hungrig."
Das Mädchen reichte ihm das ganze Stückchen Brot und sagte:
„Gott segne dir's", und ging weiter.

Da kam ein Kind, das jammerte und sprach:
„Es friert mich so an meinem Kopfe!"
Da nahm das Mädchen seine Mütze ab und gab sie dem Kind.
Als es noch eine Weile gegangen war, kam wieder ein Kind.
Das hatte keine Jacke an und fror. Das Mädchen gab ihm seine. Danach gab es auch noch die Hose her.

Lies aufmerksam. Was gibt das Mädchen nacheinander weg? Zähle auswendig auf. Kannst du die Dinge in das Kästchen zeichnen?

Stolz Verlag Spannender Lesespaß: Märchen Best.-Nr. 067

Sterntaler *(Fortsetzung)*

Endlich gelangte das Mädchen in einen Wald.
Es war schon dunkel geworden. Da kam noch ein Kind und bat um ein Hemd. Das fromme Mädchen dachte: „Es ist dunkle Nacht, da sieht mich niemand, ich kann wohl mein Hemd weggeben“.

Nun stand es da und hatte nichts mehr.
Auf einmal fielen die Sterne vom Himmel, das waren lauter blanke Taler.
Und obwohl es soeben sein Hemdlein weggegeben hatte, trug es plötzlich ein neues am Leibe, und das war vom allerfeinsten Leinen. Da hinein sammelte es sich die Taler und war reich bis zum Ende des Lebens.

(nach den Gebrüdern Grimm)

Hinweis
Dieses Märchen eignet sich besonders gut zum Nachspielen.
Führen Sie mit den Kindern ein Stegreifspiel durch:
- *Wie viele Rollen sind nötig?*
- *Worauf kommt es an?*
- *Welche Requisiten brauchen wir?*
- *Was kann man dazudichten?*
- *und so weiter*

Mit etwas Phantasie sollte es gelingen, ein kleines Theaterstück auf die Beine zu stellen und dies am Elternabend oder zum Schulfest aufzuführen.

Stolz Verlag Spannender Lesespaß: Märchen Best.-Nr. 067

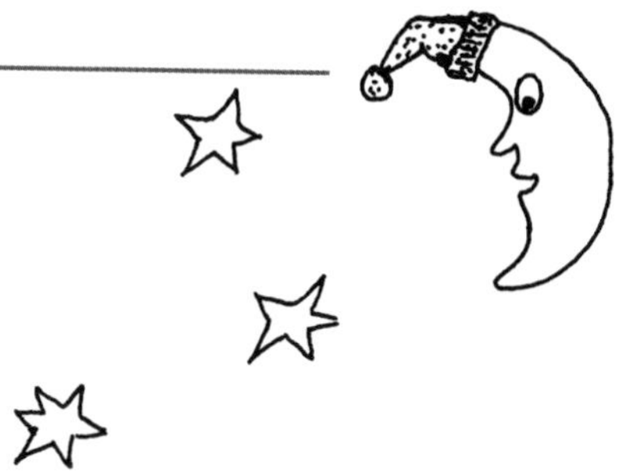

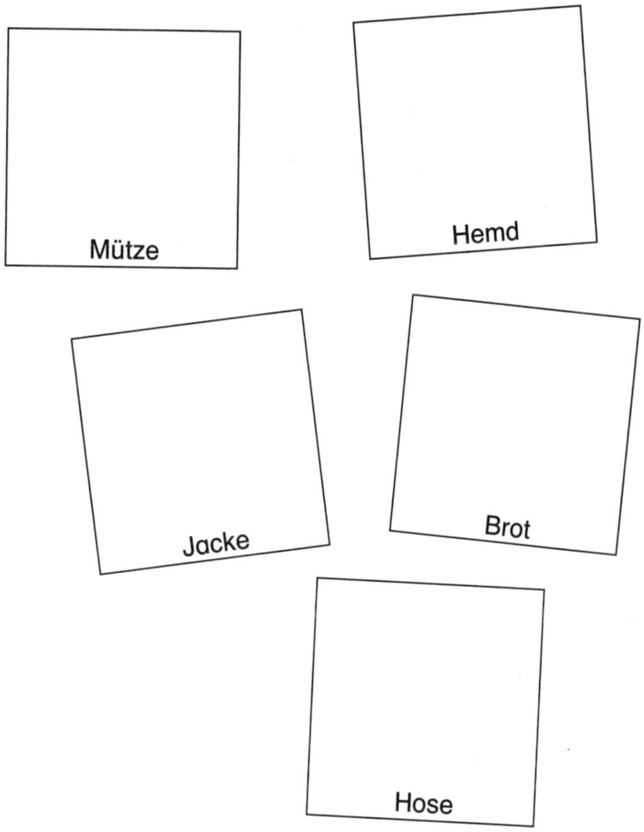

Sterntaler

Das kleine Mädchen hatte ein gutes Herz.
Es verschenkte alles, was es besaß.
Der Mann sagte: „Ich habe Hunger. Gib mir dein Brot!“
Das erste Kind sagte: „Gib mir deine Mütze, mich friert am Kopf.“
Das zweite Kind sagte: „Mich friert. Gib mir deine Jacke.“
Das dritte Kind sagte: „Mir ist kalt. Gib mir deine Hose.“
Das vierte Kind sagte: „Gib mir dein Hemd, damit mir warm wird.“

Zeichne in die Quadrate, was das Mädchen verschenkt.
Vom Himmel fallen Sterne, das sind lauter harte, blanke Taler.
Zeichne viele Sterne, die das Mädchen auffängt!

Stolz Verlag Spannender Lesespaß: Märchen Best.-Nr. 067

Rotkäppchen

Es war einmal ein kleines Mädchen, das hatte jedermann lieb. Es trug ein Käppchen aus rotem Samt, welches es von seiner Großmutter bekommen hatte. Seither hieß es Rotkäppchen.

Eines Tages sollte Rotkäppchen der kranken Großmutter einen Korb mit Brot und Wein bringen. Unterwegs begegnete es dem Wolf. Der Wolf fragte das Rotkäppchen:

„Wer bist du? Wohin gehst du? Was hast du bei dir?“

Das Rotkäppchen dachte nichts Böses und antwortete dem Wolf höflich auf alle Fragen.
Der Wolf sagte: „Bring deiner Großmutter ein paar hübsche Blumen mit, sie wird sich freuen!“
Rotkäppchen begann sogleich, Blumen zu pflücken.

Der Wolf aber eilte derweil zum Haus der Großmutter.
Er klopfte an die Türe.
Die kranke Großmutter, die im Bett lag, fragte: „Wer ist draußen?“
„Das Rotkäppchen mit Brot und Wein!“
„Komm nur herein!“
Der Wolf sprang in die Stube und verschlang die Großmutter.
Dann zog er die Vorhänge vor und legte sich in ihr Bett.

Stolz Verlag Spannender Lesespaß: Märchen Best.-Nr. 067

Rotkäppchen *(Fortsetzung)*

Rotkäppchen kam spät mit den Blumen, dem Brot und dem Wein zum Haus der Großmutter. Diese lag im Bett, doch sie sah so seltsam aus!

Sie hatte so große Ohren.
Sie hatte so große Augen.
Sie hatte so große Hände.
Sie hatte ein so großes Maul.

Und ehe sich Rotkäppchen besinnen konnte, sprang der Wolf aus dem Bett und verschlang auch das Rotkäppchen mit Haut und Haaren. Dann legte er sich wieder ins Bett, schlief ein und fing laut und fürchterlich zu schnarchen an.

Ein Jäger kam am Haus vorbei. Er dachte: „Wie kann die alte Frau so schnarchen! Da will ich doch einmal nachsehen.“
Er trat ein und fand den Wolf im Bett. Und weil der Bauch des Wolfes so dick war, ahnte der Jäger Böses. Er schnitt den Bauch mit einer Schere auf. Heraus sprang das Rotkäppchen, und die Großmutter kam auch zum Vorschein. Beide lebten und waren froh über ihre Rettung.

Rotkäppchen holte große, schwere Steine. Die füllten sie dem Wolf in den Leib. Als er aufwachte und sich erheben wollte, fiel er tot um. Der Jäger, die Großmutter und das Rotkäppchen aber feierten vergnügt mit Brot und Wein.

(nach den Gebrüdern Grimm)

Stolz Verlag Spannender Lesespaß: Märchen Best.-Nr. 067

Mädchen

Käppchen

Wolf

Wald

Brot und Wein

Rotkäppchen

Es war einmal ein , das hatten alle lieb.

Die Großmutter schenkte ihm ein rotes  aus Samt.

Einmal sollte das Rotkäppchen der Großmutter einen Korb bringen.

Darin war 

Die Großmutter wohnte im 

Unterwegs begegnete das Rotkäppchen dem bösen 

Zeichne in die großen Kästchen! Wie geht das Märchen weiter?
Erzähle das Märchen jetzt.

Stolz Verlag Spannender Lesespaß: Märchen Best.-Nr. 067

Ohren
hören

Augen
sehen

Maul
fressen

Hände
packen

Zeichne dem Wolf die rechte Hälfte dazu

Bist du es, Großmutter?

Ei, Großmutter, warum hast du so große ____________

„Damit ich dich besser __________ kann!“

Ei, Großmutter, warum hast du so große ____________

„Damit ich dich besser __________ kann!“

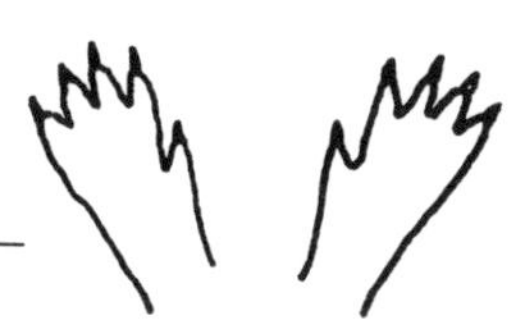

Ei, Großmutter, warum hast du so große ____________

„Damit ich dich besser __________ kann!“

Ei, Großmutter, warum hast ein so großes __________

„Damit ich dich besser __________ kann!“

Stolz Verlag Spannender Lesespaß: Märchen Best.-Nr. 067

Aschenputtel

Es war einmal ein frommes, liebes Mädchen, dessen Mutter war gestorben. Der Vater nahm sich eine neue Frau. Das war nun die Stiefmutter. Sie hatte auch zwei Töchter, das waren nun die Stiefschwestern. Die beiden Stiefschwestern waren zwar schön, aber eitel und böse. Sie nahmen dem Mädchen alle Kleider weg. Weil es in der Asche neben dem Ofen schlafen musste, war es bald recht schmutzig und wurde Aschenputtel genannt. Die bösen Schwestern lachten das Aschenputtel aus und quälten es, so oft sie konnten.

Einmal gingen die eitlen Schwestern zum Ball des Prinzen. Der suchte eine Prinzessin, die er heiraten wollte. Das Aschenputtel musste zu Hause einen Sack Linsen auslesen. Zwei weiße Tauben kamen geflogen und halfen dem Mädchen dabei:

„Die schlechten ins Kröpfchen,
die guten ins Töpfchen!"

Die Tauben sprachen: „Aschenputtel, willst du auch auf den Ball gehen und tanzen?"
„Wie kann ich da in meinen schmutzigen Kleidern hingehen?"
„Lauf zum Grab deiner Mutter und wünsche dir Kleider! Du musst aber vor Mitternacht wieder zurück sein!"

Aschenputtel lief hinaus, schüttelte das Bäumchen am Grab der Mutter und sprach: „Bäumchen, rüttel und schüttel dich, wirf schöne Kleider herab für mich!"
Kaum hatte es das gesagt, lag auch schon ein prächtiges Gewand aus Seide da mit Silberschnallen und Perlen verziert. So ging Aschenputtel auf den Ball. Der Prinz war ganz entzückt und tanzte nur mit ihr. Doch vor Mitternacht eilte sie wieder zurück ans Grab, tauschte die Kleider und lief nach Hause.

Stolz Verlag Spannender Lesespaß: Märchen Best.-Nr. 067

Aschenputtel *(Fortsetzung)*

Am anderen Tag war wieder ein Ball im Königspalast. Diesmal musste Aschenputtel Erbsen lesen, während die Schwestern sich schön machten und zum Tanz gingen. Wieder kamen die Tauben und halfen dem Aschenputtel. Am Grab der Mutter warf das Bäumchen das schönste Kleid herab, das man sich vorstellen kann.

Und so ging Aschenputtel erneut zum Tanz. Der Prinz hatte sich schon beim ersten Mal in sie verliebt. Diesmal wollte er sie festhalten, deshalb ließ er die Treppe mit Pech einschmieren. Und als Aschenputtel vor Mitternacht die Treppe hinabeilte, blieb einer ihrer goldenen Schuhe hängen.

Der Prinz suchte nun nach der Besitzerin des Schuhs. Er ließ verkünden, diejenige solle seine Gemahlin werden, deren Fuß in den goldenen Schuh hineinpassen würde. Die beiden bösen Schwestern des Aschenputtel wollten unbedingt den Prinzen zum Gemahl haben. Damit ihre großen Füße in den zierlichen Goldschuh passten, schnitt sich die eine ein Stück von der Ferse ab, die andere die Zehen. Doch jedesmal verrieten die Tauben den Betrug:

„Rucke di guh, rucke di guh!
Blut ist im Schuh:
Der Schuh ist zu klein,
die rechte Braut sitzt noch daheim!"

Endlich fand der Prinz das Aschenputtel, und der Schuh passte wie angegossen! Er führte sie zu seinem Wagen, und beide fuhren auf das Schloss, wo sie heirateten und lange Jahre glücklich lebten!

(nach den Gebrüdern Grimm)

Stolz Verlag Spannender Lesespaß: Märchen Best.-Nr. C67

Arbeitsblatt zu „Aschenputtel“

Was stimmt? Was stimmt nicht?

Kreuze jeweils die richtigen Aussagen an.

	richtig	*falsch*
1. Es war einmal ein liebes Mädchen, dem war der Vater gestorben.	◯	◯
2. Die Stiefschwestern waren böse, sie nahmen dem Mädchen die Kleider weg.	◯	◯
3. Einmal gingen die Schwestern zum Ball eines Prinzen, der eine Frau suchte.	◯	◯
4. Das arme Mädchen ging mit einem Ball zum Tanz, musste aber Mitternacht wieder zurück sein.	◯	◯
5. Der Prinz hatte sich in das fremde Mädchen verliebt und wollte wissen, wer es war.	◯	◯
6. Die bösen Schwestern verloren einen Schuh auf der Treppe des Palastes.	◯	◯
7. Aschenputtel wollte unbedingt den Prinzen zum Gemahl haben.	◯	◯
8. Die Tauben verrieten die bösen Schwestern.	◯	◯

Was mag der Prinz zu dem Mädchen gesagt haben, als er sie zu seinem Wagen führte? Schreibe es hier auf:

____

____

____

Stolz Verlag Spannender Lesespaß: Märchen Best.-Nr. 067

**Das Aschenputtel will auf den Ball gehen.
Es braucht schöne Kleider.**

Male Kleider und Schuhe an und schneide sie aus.
Ziehe das Aschenputtel an! Schneide es dann aus, klebe es auf ein Blatt Papier.
Schreibe den Spruch an das Bäumchen sauber darunter!

Stolz Verlag Spannender Lesespaß: Märchen Best.-Nr. 067

Der Froschkönig

Hier stimmt die Reihenfolge nicht. Kannst du sie herstellen?
Setze die richtigen Nummern in die Kästchen. Lies dann laut!
Den richtigen Text findest du auf der nächsten Seite.

☐

Der König sagte zu seiner Tochter: „Was du versprochen hast, musst du halten!" Da machte die Königstochter die Tür auf. Sie hob den Frosch auf den Stuhl neben sich.
Sie gab ihm zu essen von ihrem eigenen Teller.

☐

Am anderen Tag, als die Königstochter zu Tische saß, kam der Frosch, plitsch!, platsch!, die Marmortreppe herauf.
Er klopfte an die Tür und rief:
„Königstochter, jüngste, mach mir auf, Königstochter, jüngste, mach mir auf, wie du es versprochen hast!"

☐

Nach dem Essen packte sie den Frosch mit zwei Fingern und trug ihn in ihre Kammer. Dort warf sie ihn, bratsch!, an die Wand und schrie: „Nun wirst du mich in Ruhe lassen, du garstiger Frosch!"
Doch da fiel von der Wand ein schöner, junger Prinz herab!

☐

Eine Königstochter besaß eine goldene Kugel. Die Kugel fiel in einen Brunnen. Die Königstochter weinte und klagte.
Da steckte ein Frosch seinen Kopf aus dem Wasser.
Er sprach: „Ich hole dir die Kugel aus dem Brunnen. Dafür will ich neben dir sitzen, von deinem Teller essen und in deinem Bett schlafen."
Die Königstochter versprach dem Frosch, was er wollte.
Dieser holte die Kugel aus dem Brunnen herauf.

Stolz Verlag Spannender Lesespaß: Märchen Best.-Nr. 067

Der Froschkönig

Eine Königstochter besaß eine goldene Kugel. Die Kugel fiel in einen Brunnen. Die Königstochter weinte und klagte. Da steckte ein Frosch seinen Kopf aus dem Wasser. Er sprach: „Ich hole dir die Kugel aus dem Brunnen. Dafür will ich neben dir sitzen, von deinem Teller essen und in deinem Bett schlafen."
Die Königstochter versprach dem Frosch, was er wollte. Dieser holte die Kugel aus dem Brunnen herauf.

Am anderen Tag, als die Königstochter zu Tische saß, kam der Frosch, plitsch!, platsch!, die Marmortreppe herauf. Er klopfte an die Tür und rief:
„Königstochter, jüngste, mach mir auf, Königstochter, jüngste, mach mir auf, wie du es versprochen hast!"

Der König sagte zu seiner Tochter: „Was du versprochen hast, musst du halten!" Da machte die Königstochter die Tür auf. Sie hob den Frosch auf den Stuhl neben sich. Sie gab ihm zu essen von ihrem eigenen Teller.

Nach dem Essen packte sie den Frosch mit zwei Fingern und trug ihn in ihre Kammer. Dort warf sie ihn, bratsch!, an die Wand und schrie: „Nun wirst du mich in Ruhe lassen, du garstiger Frosch!"
Doch da fiel von der Wand ein schöner, junger Prinz herab!

Das Märchen ist hier nicht zu Ende.
Kennst du den Schluss?
Möchtest du ihn lesen?
Dann blättere um ...

Am nächsten Morgen kam ein prächtiger Wagen vorgefahren. Er war mit acht Pferden bespannt. Darin saß der Diener des Prinzen, der treue Heinrich. Er holte das junge Paar ab. Und während sie fuhren, war dreimal ein Knall zu hören. Jedesmal rief erschrocken der Prinz: „Heinrich, der Wagen bricht!“ Es waren jedoch die drei eisernen Bänder, die der treue Heinrich um sein Herz getragen hatte. Sie zersprangen nacheinander mit einem Knall. Nun war die Trauer vorbei, dass sein geliebter Herr als Frosch im Brunnen gesessen hatte. Und sie waren alle glücklich bis ans Ende ihrer Tage.

WER SAGT DAS?

„Königstochter, jüngste,
mach mir auf,
weißt du nicht,
was gestern
du zu mir gesagt
bei dem kühlen Brunnenwasser?
Königstochter, jüngste,
mach mir auf.“

Das sagt

UND WER SAGT DAS?

„Was du versprochen hast, musst du halten!“

Das sagt

„Nun wirst du mich in Ruhe lassen, du garstiger Frosch!“

Das sagt

„Heinrich, der Wagen bricht!“

Das sagt

Stolz Verlag Spannender Lesespaß: Märchen Best.-Nr. 067

Der Froschkönig

Die Königstochter	fiel in einen Brunnen.
Die Kugel	spielte mit einer goldenen Kugel.
Der Frosch	wurde aus dem Frosch ein Prinz.
Am Ende	holte die Kugel heraus.

Wie passen die Teile richtig zusammen?
Verbinde mit Strichen. Schreibe dann die Sätze in dein Heft.

Zeichne die goldene Kugel!
Zeichne den Frosch am Brunnenrand!
Zeichne drei Seerosen auf dem Wasser!
Ob auch Goldfische im Wasser schwimmen?

Stolz Verlag Spannender Lesespaß: Märchen Best.-Nr. 067

Die sieben Raben *(Teil 1)*

Ein Mann hatte sieben Söhne und immer noch kein Töchterchen, so sehr er sich's auch wünschte. Endlich gab ihm seine Frau wieder gute Hoffnung zu einem Kind, und als es zur Welt kam, da war es auch ein Mädchen. Die Freude war groß, aber das Kind war klein und schmächtig und sollte wegen seiner Schwachheit die Nottaufe haben.

Der Vater schickte einen der Knaben eilends zur Quelle, Taufwasser zu holen. Die anderen sechs liefen mit und weil jeder der Erste beim Schöpfen sein wollte, so fiel ihnen der Krug in den Brunnen. Da standen sie nun und wussten nicht, was sie tun sollten, und keiner getraute sich heim.

Als sie nicht zurückkamen, wurde der Vater ungeduldig und sprach: „Gewiss haben sie es wieder über einem Spiel vergessen, diese gottlosen Jungen!"
Es war ihm angst, das Mädchen müsste ungetauft verscheiden, und im Ärger rief er: „Ich wollte, dass die Jungen alle zu Raben würden!"

Kaum war das letzte Wort ausgesprochen, so hörte er ein Geschwirr über sich in der Luft, blickte in die Höhe und sah sieben kohlschwarze Raben auf und davon fliegen.

Stolz Verlag Spannender Lesespaß: Märchen Best.-Nr. 067

Stühlchen

Brot

Wasser

Ringlein

Die sieben Raben *(Teil 2)*

Als das Mädchen größer wurde, suchte es seine Brüder.

Es nahm ein ________________ mit zum Andenken an die Eltern,

einen Laib ____________ gegen den Hunger,

einen Krug ___________ gegen den Durst,

ein ____________________ gegen die Müdigkeit.

Setze die richtigen Wörter ein. Schau oben nach!
Zeichne groß in die richtigen Kästchen, was das Mädchen mitnimmt!

Stolz Verlag Spannender Lesespaß: Märchen Best.-Nr. 067

„Wir sind die Sterne.
Wir sind freundlich und gut.“

„Ich bin die Sonne.
Ich fresse kleine Kinder!“

„Ich bin der Mond.
Ich rieche Menschenfleisch!“

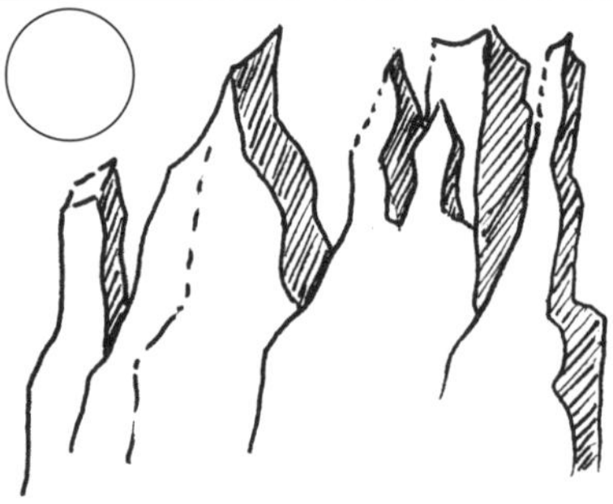

Der Glasberg.
Dort wohnen die sieben Raben.

Das Elternhaus

Die sieben Raben *(Teil 3)*

Das Mädchen verlässt das Elternhaus.
Zuerst kommt das Mädchen zur heißen Sonne.
Eilig läuft es weg und kommt zum Mond.
Dann geht es zu den Sternen.
Die Sterne schicken das Mädchen zum Glasberg.
Dort findet es endlich seine Brüder.

Welchen Weg muss das Mädchen gehen?
Verbinde mit Strichen, numeriere die Kästchen in der richtigen Reihenfolge.
Kannst du dir vorstellen, was passiert, als das Mädchen die Raben findet?
Erzähle das Märchen nach deiner Phantasie zu Ende. Male ein Bild dazu.

Stolz Verlag   Spannender Lesespaß: Märchen   Best.-Nr. 067

Frau Holle *(Teil 1)*

Eine Witwe hatte zwei Töchter, davon war die eine schön und fleißig, die andere hässlich und faul. Sie hatte aber die hässliche und faule Tochter viel lieber, und die andere musste alle Arbeit tun.

Einmal ging das fleißige Mädchen hinaus, um Wasser zu holen. Da fiel der Eimer in den Brunnen und als es sich danach bückte, fiel es selbst hinein. Als es erwachte, lag es auf einer Wiese. Die Sonne schien warm, die Blumen blühten, es war dort wunderschön.

Das Mädchen stand auf und ging durch die Wiese. Es kam zu einem Backofen, der war voller Brot. Das Brot rief: „Ach, zieh mich raus, zieh mich raus, sonst verbrenne ich!" Das fleißige Mädchen zog das Brot heraus. Dann ging es weiter. Es kam zu einem Baum, der hing voller Äpfel. Der Baum rief: „Ach, schüttel mich, schüttel mich! Meine Äpfel sind alle reif!" Das fleißige Mädchen schüttelte den Baum, die Äpfel fielen herab.

Endlich kam es zu einem kleinen Haus. Eine alte Frau guckte heraus. Sie sagte: „Mein liebes Kind, bleibe bei mir! Wenn du alle Arbeit im Haus ordentlich tun willst, so soll es dir gut gehen. Ich bin die Frau Holle!"

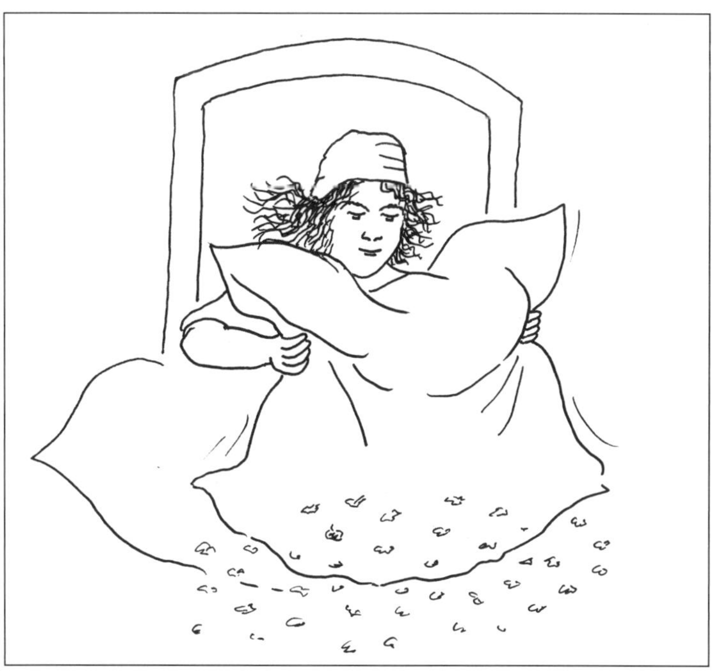

Frau Holle *(Teil 2)*

Da blieb das Mädchen bei der Frau Holle. Sie arbeitete fleißig. Sie putzte und fegte, sie kochte und wusch. Sie war fröhlich bei der Arbeit. Jeden Tag schüttelte sie kräftig ihr Federbett auf, das lag der Frau Holle besonders am Herzen. Es ging dem Mädchen gut bei Frau Holle.

Doch nach einiger Zeit bekam es Heimweh und wollte nach Hause. Frau Holle führte das Mädchen vor ein großes Tor. Dort verabschiedeten sie sich. Als das Mädchen unter dem Tor stand, fiel ein gewaltiger Goldregen herab. Alles Gold blieb an dem Mädchen hängen. Frau Holle aber sprach: „Das sollst du haben, weil du so fleißig gewesen bist!"

Als das Mädchen wieder nach Hause kam, rief der Hahn auf dem Hof:
„Kikeriki, unsere Goldmarie ist wieder hie!"
Weil sie so viel Gold mitbrachte, wurde sie von Mutter und Schwester freundlich empfangen. Sie erzählte, wie sie zu dem Reichtum gekommen war. Da sagte die Mutter zu der faulen Tochter: „Geh, stürz dich in den Brunnen! Dann kannst du dasselbe Glück haben wie deine Schwester!"

Dieses Märchen ist hier nicht zu Ende. Die faule und hässliche Tochter kommt auch zu Frau Holle. Sicher weißt du, wie es weitergeht. Schreibe hier auf, was noch alles passiert!

Stolz Verlag Spannender Lesespaß: Märchen Best.-Nr. 067

Frau Holle *(Teil 3)*

Das Mädchen kam zu einem Backofen, der war voller Brot.

Das Brot rief: ______________________________

____

Dann kam es zu einem Baum, der hing voller Äpfel.

Der Baum rief: ______________________________

____

Hole die Brote aus dem Backofen!
Zeichne viele grüne Blätter und viele rote Äpfel auf den Baum!

Stolz Verlag Spannender Lesespaß: Märchen Best.-Nr. 067

Es regnet ______________.
Das Gold bleibt
an den Kleidern hängen.

Der Hahn ruft:

____

____

____

Es regnet ______________.

____

____

Der Hahn ruft:

____

____

____

Frau Holle *(Teil 4)*

Das fleißige Mädchen hatte Heimweh. Frau Holle begleitete sie zum Tor. Als das Mädchen unter dem Torbogen stand, regnete es Gold. Das Gold blieb an ihr hängen.
Der Hahn rief: „Kikeriki, unsere Goldmarie ist wieder hier!“

Die hässliche und faule Schwester ging ebenfalls zu Frau Holle.
Auch sie bekam ihren Lohn, als sie nach Hause wollte.
Schreibe die fehlenden Wörter. Male bunt!

Stolz Verlag Spannender Lesespaß: Märchen Best.-Nr. 067

Die drei Wünsche *(Teil 1)*

Am Rande eines großen, tiefen Waldes lebte ein armer Holzfäller mit seiner Frau und den beiden Kindern. Sie alle hatten viele Wünsche.

> Der Holzfäller seufzte: „Wenn ich doch in einer prachtvollen Kutsche fahren könnte!"
> Seine Frau klagte: „Wenn ich doch ein hübsches Seidenkleid besäße!"
> Das Mädchen jammerte: „Wenn ich doch eine Porzellanpuppe hätte!"
> Der Junge murmelte: „Mit einem goldenen Ball würde ich lieber spielen!"

Doch alles Wünschen war vergebens.
Jeden Morgen zog der Holzfäller in den Wald, wo er Bäume fällte, Tag für Tag. Eines Tages jedoch geschah etwas Seltsames. Als er mit seiner Axt auf den Stamm einer alten Eiche einhieb, hörte er ein feines Stimmchen: „Oh, hör bitte auf zu schlagen!" Eine kleine Fee flatterte aus einem Baumloch heraus. Sie sprach weiter: „Dieser Baum ist mein Heim. Wenn du ihn verschonst, seien dir und deiner Familie drei Wünsche gewährt!" Und weg war sie.

Arbeitsblatt I zu „Die drei Wünsche“

Der Holzfäller, seine Frau und die Kinder hatten viele Wünsche.

Lies aufmerksam, welche Wünsche das sind. Schreibe dann auswendig:

Das wünscht sich der Holzfäller:

Das wünscht sich seine Frau:

Das wünscht sich das Mädchen:

Das wünscht sich der Junge:

Und das wünsche ich mir:

Die drei Wünsche *(Teil 2)*

Der Holzfäller ließ den Baum stehen. Tief in Gedanken versunken wanderte er den Weg nach Hause zurück. So viele Wünsche und Pläne kreisten in seinem Schädel herum! Es wurde ihm davon ganz schwindelig, weil er nicht wusste, was er sich wünschen sollte. Er beschloss, seiner Frau erst einmal nichts von seinem Erlebnis zu erzählen.

Da saß er nun am Tisch in der Stube und dachte und dachte. Die Frau bereitete derweil die Abendsuppe zu. Dem Holzfäller knurrte schon der Magen vor Hunger, und er fragte seine Frau, wie lange es noch dauern würde. „Ach, ein Stündchen musst du noch warten", antwortete diese.
Ohne viel zu überlegen meinte darauf der Holzfäller mehr zu sich selbst: „Den ganzen Tag habe ich geschuftet. Ich habe einen solchen Bärenhunger, ich wünschte, ich hätte eine schöne Blutwurst vor mir!"

Was wird jetzt passieren? Lies noch nicht weiter. Stelle dir den Holzfäller vor, wie er da in der Küche sitzt und hungrig ist. Was macht seine Frau? Wo sind die Kinder? Zeichne auf, was du in deinem Kopf „siehst".

Stolz Verlag Spannender Lesespaß: Märchen Best.-Nr. 067

Die drei Wünsche *(Teil 3)*

Kaum hatte er das gesagt, purzelte aus dem Kamin die schönste, rundeste, prallste, würzigste Blutwurst, die man sich überhaupt nur vorstellen kann. Jetzt musste der Holzfäller sein Geheimnis lüften. Doch seine Frau wurde sehr böse.

„Du Dummkopf! Du hättest für mich ein hübsches Seidenkleid wünschen können!"
Und die Kinder weinten: „Ach du Elend, das viele schöne Spielzeug, das du uns hättest zaubern können!"

Die Frau hörte gar nicht auf zu schimpfen. Schließlich rief sie zornig: „Ich wünschte, du hättest die Wurst an der Nase!"
Und schwuppdiwupp sprang die Wurst dem Holzfäller an die Nase, wo sie festgewachsen hängen blieb. Sie zogen alle zusammen daran, sie zogen und zogen, doch die Blutwurst wollte nicht abgehen. Die Nase des Mannes wurde immer länger und röter.
„Hört auf, ihr tut mir weh!" stöhnte er.

Traurig saß die Familie am Tisch, alle wussten, dass nur noch ein Wunsch übrig war. Heimlich stellten sie sich noch einmal vor, was sie alles hätten haben können, doch dann wünschte sich der Holzfäller die Blutwurst von der Nase. Gewünscht, getan – genauso schnell, wie die Wurst an die Nase gesprungen war, sprang sie nun wieder ab.

Und so kam es, dass die Familie an diesem Abend zur Suppe die schönste, rundeste, prallste, würzigste Blutwurst verzehrte. Es schmeckte ihnen vorzüglich. Sie unterhielten sich aufgeregt darüber, dass sie beim nächsten Mal vorsichtiger sein würden mit dem Wünschen, und deshalb hörten sie auch nicht das leise Lachen der kleinen Fee, die draußen vor dem Fenster vorbeiflatterte.

(nach einem englischen Märchen)*

Stolz Verlag Spannender Lesespaß: Märchen Best.-Nr. 067

Arbeitsblatt II zu „Die drei Wünsche“

Was stimmt? Was stimmt nicht?

Kreuze jeweils die richtigen Aussagen an.

	richtig	falsch
1. Es war einmal ein Holzfäller, der lebte ohne Frau und Kinder am Rande eines großen Waldes.	O	O
2. Jeden Morgen zog er in den Wald, wo er fleißig arbeitete und Bäume fällte.	O	O
3. Als er eines Tages eine alte Eiche fällen wollte, hörte er ein feines Stimmchen.	O	O
4. Eine Fee flatterte um ein Baumloch herum. Sie wollte dringend in ihr Heim.	O	O
5. Der Holzfäller ging nach Hause. Dort wünschte er sich als erstes einen Bärenhunger.	O	O
6. Frau und Kinder waren sehr böse, weil sich der Holzfäller eine Blutwurst gewünscht hatte.	O	O
7. Seine Frau ärgerte sich sosehr, dass sie ihm die Blutwurst an die Nase warf.	O	O
8. Am Ende freuten sie sich aber alle über die pralle, würzige Blutwurst und aßen sie auf.	O	O

Die Fee flatterte am Fenster vorüber, als die Familie zu Tische saß. Sie lachte ganz leise und dachte dabei:

____

____

Stolz Verlag Spannender Lesespaß: Märchen Best.-Nr. 067

Die Geschichte vom wundersamen Kamelhaarbeutel *(Teil 1)*

Ali erzählt dem mächtigen König Harun al-Raschid eines Nachts seine Geschichte:

Ich besaß einen kunstvoll bestickten, farbenprächtigen Kamelhaarbeutel, den ich stets auf meine Reisen mitnahm. Als ich mich vor einigen Jahren in Bagdad aufhielt, kam ein Räuber auf mich zu und entriss mir den Beutel. Ich lief dem flüchtenden Dieb nach, holte ihn ein und zerrte ihn vor den Richter.

Dieser fragte: „Wer von euch ist der Kläger?" Der Räuber stieß mich beiseite und rief, ohne rot zu werden: „Allah segne Euch, weiser Richter. Der Beutel gehört mir. Dieser Mann hat ihn gestohlen!"

Der Richter entgegnete: „Wenn dies dein Beutel ist, dann kannst du mir wohl sagen, was sich darin befindet."

„Aber sicher", rief der Schurke aus und begann mit seiner Aufzählung: „Bevor er mir gestohlen wurde, waren in diesem Beutel

zwei silberne Löffel, ein Handtuch, zwei goldene Kaffeetassen, zwei Suppenteller, ein Messingtablett, ein Sitzkissen, ein Kochtopf und eine Schöpfkelle, zwei Wasserflaschen, eine Katze, zwei Kamelsättel, eine Kuh, drei Kälber, eine Gans, zwei Schafe, zwei Lämmer, ein Löwe und eine Löwin, zwei Zelte, ein kleiner Palast, eine Küche mit zwei Eingängen und ein ganzer Beduinenstamm, der beschwören kann, dass dies mein Beutel ist."

Ein „Kamelhaarbeutel" ist ein Säckchen, das aus Kamelhaaren gewebt wird. In früheren Zeiten diente der Kamelhaarbeutel in Arabien dazu, Geld und Reiseproviant mitzunehmen.

Bevor du weiterliest: Denke dir selbst aus, was der unverschämte Räuber sagen wird. Schreibe auf.

Stolz Verlag Spannender Lesespaß: Märchen Best.-Nr. 067

„Was sagst du dazu?", fragte mich der Richter.
Ich entgegnete: „Das ist alles gelogen, Euer Ehren. In dem Beutel befanden sich

nur ein paar zerfallene Häuser, eine Koranschule, die Stadt Basra, der sagenumwobene Palast des Schaddad Ben Ad, eine Mistgabel, ein Fischernetz, zehn Jungfrauen und tausend vornehme Männer, die jederzeit schwören werden, dass dieser Beutel mir gehört."

Da jaulte der Räuber auf und schrie: „Euer Ehren, das ist mein Beutel! Ich vergaß zu erwähnen, dass sich auch noch

zwei Burgen darin befinden, eine Großstadt und zwei Dörfer, ein Blinder, ein Lahmer, zwei Krüppel, ein Hochseeschiff samt Kapitän und Besatzung sowie alle Weisen des Landes, die schwören werden, dass dieser Beutel mein Beutel ist."

Ehe du die Geschichte auf der folgenden Seite zu Ende liest: Der Bestohlene – also der Ich-Erzähler – zählt dem Richter jetzt weitere Dinge auf, die in seinem Kamelhaarbeutel gewesen sein sollen. Schreibe auf, was du sagen würdest.

Stolz Verlag Spannender Lesespaß: Märchen Best.-Nr. 067

Die Geschichte vom wundersamen Kamelhaarbeutel *(Teil 2)*

Ich war empört über die Worte des Hochstaplers und rief: „O weiser Richter! Das ist mein Beutel!

All meine Waffen sind darin! Mein Kettenhemd, mein Schwert, mein Rammbock, mein Kampfross, mein Hund, meine Weingärten, Blumengärten, Musiker und Gaukler, eine Moschee, sechs gute Witze und ein fauler, und – das sollte ich erwähnen – mein Kampfmesser, das scharf genug ist, um jedem Richter, der nicht erkennt, dass dieser Beutel mir gehört, den Bart abzuschneiden!"

Der Richter hatte genug von der Aufschneiderei. Er befahl: „Öffnet jetzt diesen Beutel, dann werden wir ja sehen, was darin ist!" Alle Umstehenden waren sehr gespannt. Doch welche Enttäuschung! Mein Beutel enthielt nichts als zwei Scheiben Brot und ein paar Oliven!

Ich sprach als erster. „Das ist tatsächlich nicht mein Beutel", sagte ich schnell, „meiner muss mit all seinen Schätzen verlorengegangen sein. Das ist der Beutel dieses Hochstaplers dort. Ich hoffe, Euer Ehren, Ihr werdet ihn für seine Lügen angemessen bestrafen." Und mit diesen Worten ging ich meiner Wege.

(aus: Märchen aus 1001 Nacht)

Stolz Verlag Spannender Lesespaß: Märchen Best.-Nr. 067

Arbeitsblatt I zu „Der wundersame Kamelhaarbeutel“

Was alles ist im Kamelhaarbeutel enthalten?

ein Tuch für die Hand	ein Handtuch
eine Tasse für den Kaffee	
ein Teller für die Suppe	
ein Tablett aus Messing	
ein Kissen zum Sitzen	
ein Topf zum Kochen	
eine Kelle zum Schöpfen	
eine Flasche für Wasser	
ein Sattel für das Kamel	
ein Ross für den Kampf	
ein Messer für den Kampf	
ein Hemd aus Ketten	
ein Garten mit Blumen	
eine große Stadt	
ein Schiff für die hohe See	
eine Gabel für den Mist	
ein Netz für den Fische	
ein Buch zum Lesen	

Stolz Verlag Spannender Lesespaß: Märchen Best.-Nr. 067

Arbeitsblatt II zu „Der wundersame Kamelhaarbeutel“

Lösung zu Arbeitsblatt I und neue Aufgabe: Was alles ist im Kamelhaarbeutel enthalten?

ein Tuch für die Hand	ein Handtuch
	eine Kaffeetasse
	ein Suppenteller
	ein Messingtablett
	ein Sitzkissen
	ein Kochtopf
	eine Schöpfkelle
	eine Wasserflasche
	ein Kamelsattel
	ein Kampfross
	ein Kampfmesser
	ein Kettenhemd
	ein Blumengarten
	eine Großstadt
	ein Hochseeschiff
	eine Mistgabel
	ein Fischernetz
	ein Lesebuch

Stolz Verlag Spannender Lesespaß: Märchen Best.-Nr. 067

Arbeitsblatt „Märchen“

Was gehört zusammen?
Verbinde mit Strichen und male bunt aus.

Rotkäppchen

Hänsel und Gretel

Frau Holle

Die sieben Raben

Der Froschkönig

Aschenputtel

Setze die fehlenden Wörter ein!

______________________________ hat ein rotes Käppchen aus Samt.

______________________________ verirren sich im Wald.

______________________________ lässt es schneien.

______________________________ ist ein verzauberter Prinz.

______________________________ wird Königin.

______________________________ sind sieben verzauberte Brüder.

Purzeltexte

Hier findest du drei verschiedene Geschichten.
Gib den Sätzen Nummern für die richtige Reihenfolge. Lies dann laut vor.
Kannst du eins von den Märchen nacherzählen?

Der Froschkönig

- ☐ Der Frosch sprach:
- ☐ Die Kugel fiel
- ☐ „Ich hole dir die Kugel herauf."
- ☐ Eine Königstochter spielte
- ☐ in einen tiefen Brunnen.
- ☐ mit einer goldenen Kugel.

Rotkäppchen

- ☐ das hatten alle lieb.
- ☐ zur Großmutter gehen.
- ☐ den bösen Wolf.
- ☐ Es war einmal ein Mädchen,
- ☐ Einmal sollte das Mädchen
- ☐ Im Wald traf es

Frau Holle

- ☐ Die eine war fleißig,
- ☐ Beide wurden von Frau Holle
- ☐ die andere war faul.
- ☐ für ihre Arbeit belohnt.
- ☐ zwei Töchter.
- ☐ Eine Frau hatte

Stolz Verlag Spannender Lesespaß: Märchen Best.-Nr. 067

Arbeitsblatt zu „Aschenputtel"

Die richtigen Sätze:

2. Die Stiefschwestern waren böse, sie nahmen dem Mädchen die Kleider weg.
3. Einmal gingen die Schwestern zum Ball eines Prinzen, der eine Frau suchte.
5. Der Prinz hatte sich in das fremde Mädchen verliebt und wollte wissen, wer es war.
8. Die Tauben verrieten die bösen Schwestern.

Wer sagt das? *Zu Seite 18*

„Königstochter, jüngste ..." Das sagt der Frosch.

„Was du versprochen hast, musst du halten." Das sagt der König.

„Nun wirst du mich in Ruhe lassen, du garstiger Frosch." Das sagt die Prinzessin.

„Heinrich, der Wagen bricht!" Das ruft der Prinz.

Der Froschkönig *Zu Seite 19*

Die Königstochter spielte mit einer goldenen Kugel.

Die Kugel fiel in einen Brunnen.

Der Frosch holte die Kugel heraus.

Am Ende wurde aus dem Frosch ein Prinz.

Arbeitsblatt II zu „Die drei Wünsche" *Zu Seite 31*

Die richtigen Sätze:

2. Jeden Morgen zog er in den Wald, wo er fleißig arbeitete und Bäume fällte.
3. Als er eines Tages eine alte Eiche fällen wollte, hörte er ein feines Stimmchen.
6. Frau und Kinder waren sehr böse, weil sich der Holzfäller eine Blutwurst gewünscht hatte.
8. Am Ende freuten sie sich aber alle über die pralle, würzige Blutwurst und aßen sie auf.